*Es gibt nichts
Angenehmeres,
als im Schatten zu sitzen,
Gin zu trinken und
über die Dummheiten
anderer nachzudenken.*

John Skow
(amerikanischer Publizist)

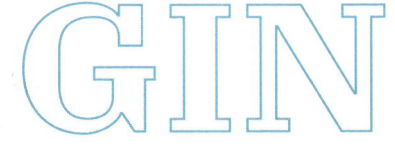

GIN

von

Hagen Kunze

Gewidmet meinem Freund Klaus-Peter, der mit mir in unzähligen Verkostungen die Geheimnisse des Gins erkundete. In iunipero veritas!

Trotz gewissenhafter Bearbeitung kann eine Haftung für den Inhalt nicht übernommen werden. Für aktuelle Ergänzungen und Anregungen ist der Verlag jederzeit dankbar. Wir bedanken uns bei allen, die uns unterstützt haben.

Impressum
© 2018, 2022 BuchVerlag für die Frau GmbH
Gerichtsweg 28, 04103 Leipzig
Tel.: 0341 / 493574-0, Fax: 0341 / 493574-40
www.buchverlag-fuer-die-frau.de

Titelfoto: Colourbox.de / Bildnachweis: Seite 128
Einband: HOFMEISTER STAUDER, Büchermacher, Berlin / Layout: Susanne Weigelt / Herstellung: Druckhaus Gera und Müller Buchbinderei GmbH, Leipzig / Printed in Germany

2. Auflage 2022
ISBN 978-3-89798-552-0

INHALT

GIB DEM LEBEN EINEN GIN

Gin ist in. Die englische Nationalspirituose mit holländischen Wurzeln hat im vergangenen Jahrzehnt ein atemberaubendes Comeback erlebt. Immer mehr Szenebars widmen sich seitdem ausschließlich dem Wacholderschnaps.

Barkeeper, die etwas auf sich halten, präsentieren selbst in gewöhnlichen Lokalen ein gutes Dutzend verschiedener Gins. Und wöchentlich drängen neue Sorten auf den Markt. Auch ausgewiesene Experten haben darum die Übersicht verloren, zählte doch eine Internetseite 2022 weltweit rund 5.500, davon allein in Deutschland rund 700, verschiedene Gin-Sorten auf.

Mag dieser neue weltweite Boom auch erst rund 15 Jahre alt sein: Out war der Gin jedoch nie. „Gin und Tonic hat mehr Engländern Leben und Verstand gerettet als sämtliche Ärzte im Empire", behauptete der englische Premierminister Winston Churchill. Ein James Bond ohne Martini – „geschüttelt, nicht gerührt" – ist schlicht undenkbar, auch wenn in den jüngeren Filmen Ian Flemmings ursprüngliche Kreation „drei Maß Gin, ein Maß Wodka, ein halbes Maß Kina Lillet" nun zum polnischen Wodka Martini mutiert ist. Und dass Königin Elizabeth selbst noch im hohen Alter

täglich einen *Tanqueray* trinkt, macht ganz England stolz.

Allen Moden zum Trotz: Als Massengetränk ist Gin zu schade. Denn wer einmal in einer stilvollen Bar die Vielfalt der geschmacklichen Nuancen des Wacholderdestillats getestet hat, wer erleben durfte, wie kongenial die Spirituose mit wirklich gutem Tonic harmoniert, wer das perlende Getränk dann über Eis und mit allerlei Garnituren wie Zitronenzesten, Beeren, Früchten oder hauchdünnen Gurkenscheiben im richtigen Glas genossen hat, der kann dem auf einer Party im Becher gereichten faden Mix aus Billig-Gin und süßem Standard-Tonic nichts mehr abgewinnen.

Wann und mit wem Gin genossen wird, spielt dabei jedoch keine Rolle. Einzig die Frage, wie Gin getrunken wird, soll in diesem Buch von Bedeutung sein – ob pur, oder ob als Bestandteil traditionsreicher oder moderner Cocktails. Denn wer wirklich bereit ist, sich jenem unvergleichlichen Geschmack auszuliefern, der auf der Zunge einen köstlichen Tanz vollführt, der wird zweifellos gepackt von der Leidenschaft dieser Spirituose, die seit Jahrhunderten nicht nur die Engländer begeistert.

RUND UM DEN GIN

Die Historie: Vom Genever zum modernen Gin

Alles begann in den burgundischen Niederlanden, dem heutigen Belgien. Dort beschrieb 1269 Jacob van Maerlant in seiner Enzyklopädie „Die Blumen der Natur", dass in Weinsud gekochte Wacholderbeeren Krämpfe und Magenbeschwerden linderten. „Jenever" nannte der französischsprachige Dichter das Mittel, über dessen euphorisierende Wirkungen sich dann bald die Beschreibungen häuften.

Zur Hauptstadt des Jenever, den die flämischsprachigen Niederländer

„Genever" schrieben, avancierte Antwerpen, wo das Herstellungsverfahren verfeinert wurde. Dort erschien 1552 mit Philipp Hermannis „Constelyc Distileerboec" der erste gedruckte Bericht einer Destillation. 20 Jahre später experimentierte Sylvius de Bouvre mit Getreidebranntwein, dem er vor der Destillation Wacholderöl zusetzte. Das Rezept verkaufte de Bouvre an die Familie Bols, die später von Antwerpen über Köln nach Amsterdam auswanderte und dort die weltweit älteste Genever-Brennerei gründete.

Dass zu dieser Zeit in Belgien ein strenges Alkoholverbot herrschte, half den holländischen Genever-Pionieren, innerhalb weniger

Jahrzehnte den Markt komplett zu beherrschen: Denn zahlreiche Antwerpener mussten aus religiösen Gründen im 16. Jahrhundert ihre Heimatstadt verlassen, die meisten siedelten sich in Holland an, viele von ihnen hatten ihr Rezept für Genever / Jenever im Gepäck.

Dass die Spirituose zum englischen Nationalgetränk wurde, hat jedoch mit dem Spanisch-Niederländischen Krieg zu tun – einem 80-jährigen Ringen um die Unabhängigkeit der Niederlande, das erst 1648 beendet wurde. Im Zuge dieses Krieges schickte Elizabeth I. Truppen in die Niederlande. Die Soldaten machten mit dem Genever Bekanntschaft, den sie „Dutch Courage" („Hollän-

› Grote Markt, Antwerpen

discher Mut") nannten. Ein ordentlicher Schluck davon vor dem Gefecht erhöhte die Kampfkraft. Die Engländer begeisterten vor allem die darin enthaltenen seltenen Gewürze: Denn die Holländer waren mit ihrer Ostindien-Kompanie die größten Händler asiatischer Kräuter, die beim Brennen des Genevers als Zutaten verwendet wurden.

Was die Engländer auf dem Schlachtfeld beeindruckt hatte, wollten sie nach Friedensschluss dann auch in der Heimat trinken. Und wieder einmal änderte sich der Name des Getränks: Vom „Gin" sprach man nun auf der Insel, denn wie schon im Falle des südspanischen Jerez-Weines, der zuvor zu „Sherry" anglisiert worden war, konnten die Engländer das ursprüngliche Wort nur schwer aussprechen.

Der Siegeszug ab dem späten 17. Jahrhundert hatte politische Gründe: 1688 entmachtete das Parlament den katholischen König Jakob II. und setzte den Niederländer Wilhelm von Oranien-Nassau als Herrscher ein. Weil alles Katholische verpönt war, galt es als Akt von Loyalität gegenüber dem neuen König, dessen Lieblingsgetränk anstelle der bisher üblichen französischen Weinbrände zu konsumieren. Aber auch wirtschaftlich hatte die Spirituose Vorzüge: Gin war in der Herstellung einfach und ließ sich mit unterschiedlichen Zutaten aromatisieren.

Wilhelm setzte darum schon kurz nach seiner Thronbesteigung eine Gin-freundliche Gesetzgebung durch – 1690 beschloss das Parlament den „Distilling Act", demzufolge jedermann Schnaps aus Getreide brennen durfte. Zugleich erhöhte er die Steuern auf Bier, sodass Bier und Gin nahezu dasselbe kosteten, was den Gin-Konsum der Engländer in unglaubliche Höhen schnellen ließ.

„Gin Craze" („Gin-Epidemie") wird die Zeit zwischen 1720 und 1751 genannt. Eine Zeit, in der die jährliche Produktion um das Fünffache stieg und der Pro-Kopf-Verbrauch zuletzt

> *William Hogarth „Gin Lane" (1751)*

bei 120 Litern Gin im Jahr lag. Im Jahr 1736 wurde als Gegenmaßnahme der „Gin Act" verabschiedet, der die Produktion von Gin nur noch mit Lizenz erlaubte. Der Beschluss wirkte jedoch kaum, die Engländer verkauften das Getränk stattdessen unter anderen Namen. Durch den übermäßigen Gin-Konsum konnten viele Menschen ihrer Arbeit nicht nachgehen, was Kirche und Künstler gleichermaßen kritisierten. Der Maler William Hogarth brachte 1751 in seinem Werk „Gin Lane" die katastrophalen Entgleisungen zum Ausdruck: Betrunkene Mütter sorgen sich nicht um ihre Kinder, halbtote Menschen prostituieren sich, die Übrigen sind von Streit und Neid zerfressen.

Nun sollte der „Tippling Act" (1751) Besserung bringen. Dieser Beschluss senkte zwar die Kosten einer Lizenz, stellte aber die Herstellung von qualitativ minderwertigem Gin unter hohe Strafen. So stieg dessen Qualität und somit auch der Preis. Getreide-Missernten sorgten für weitere Teuerung. Das wenige Getreide wurde als Nahrungsmittel benötigt und fehlte bei der Gin-Produktion. Die Menschen hatten schlichtweg nicht genügend Geld für den teuren, täglichen Rausch.

Erst die industrielle Revolution im darauffolgenden Jahrhundert verbilligte den Gin erneut – die Herstellung war nun deutlich lukrativer, zudem florierte der britische Handel mit fernen Ländern, aus denen die ausgefallenen Kräuter im Gin stammten.

Auf ihr Lieblingsgetränk wollten die Briten natürlich auch in den Kolonien nicht verzichten: Da passte es, dass Gin im Gegensatz zu Bier wegen seines hohen Alkoholgehalts auf der langen Seefahrt nicht schlecht wurde. Dass es bis heute Spirituosen mit mehr Alkoholgehalt in „Navy Strength" (Marinestärke) gibt, hat noch einen anderen Grund: Immer wieder liefen auf der Überfahrt Fässer aus und machten das mit an Bord befindliche Schwarzpulver unbrauchbar. Da der explosive Stoff aber benutzbar bleibt, wenn er mit höchstprozentigem Alkohol befeuchtet wird, musste der transportierte Gin fortan mindestens 57,2 % vol. Alkohol aufweisen.

Bis zum Anfang des 20. Jahrhunderts waren Gin und Gin-Cocktails in der ganzen Welt beliebt. Doch die Prohibition in den USA ab 1920 und der Zweite Weltkrieg ließen die Nachfrage spürbar sinken. Die Spirituose stand nun jahrzehntelang im Schatten anderer Drinks und bekam das Image des „Getränks für einsame Wölfe", dem Ian Flemming dann in seinen James-Bond-Romanen ein literarisches Denkmal setzte.

Erst ab den 1990er Jahren, vor allem aber nach der Jahrtausendwende wurde Gin wieder moderner. Es ist schwer zu sagen, was den Boom auslöste: Einige Großbrennereien brachten interessante Gins mit ungewöhnlichen Zutaten auf den Markt. Andere kreierten Gins, die den kleinsten gemeinsamen geschmacklichen Nenner trafen und dann mit gewaltigem Aufwand vermarktet wurden. Start-Ups wie *Monkey 47* wiederum halfen, Gin aus der „Alte-Männer-Ecke" zu holen.

Im Jahr 2022 ist Gin eine der beliebtesten Spirituosen der Welt. Getrunken wird er bisweilen pur, oft klassisch als Gin Tonic oder gern auch als Grundlage jener vielen spannenden Cocktails, die in den vergangenen Jahren erfunden oder zumindest neu entdeckt wurden.

Die Zutaten: Vom Wacholder und den Botanicals

Was wäre der Gin wohl ohne seine zahlreichen „Botanicals" genannten Zutaten? Natürlich ein Wodka oder ein Korn, denn das Grunddestillat ist fast immer ein Getreidebrand. Erst die hinzugegebenen Aromen machen den Gin zum Gin, prägen ihn und geben ihm sein Geschmacksbild. So ist jeder Gin vor allem das Ergebnis der Kompositionskunst des Brennmeisters, der eine kleinere oder größere Anzahl botanischer Inhaltsstoffe kunstvoll miteinander harmonisiert.

Nicht alle Gin-Hersteller verraten darum, welche Zutaten verwendet werden. Wie etwa die für für den *Ferdinand's Saar Dry Gin* (S. 28/29). Auch die Rezeptur der Kult-Marke *Monkey 47* ist ein streng gehütetes Betriebsgeheimnis. Die Liste möglicher Gin-Ingredienzien ist dabei theoretisch unendlich, praktisch wird eine dreistellige Zahl von Botanicals verwendet. Destillateure erweitern diese Liste aber regelmäßig. So gibt es mittlerweile mit dem *Boar* einen jungen deutschen Gin, für den sogar echte Trüffel verarbeitet werden. Viele Hersteller veredeln zudem einmal jährlich ihre Gins mit einer exotischen Beigabe und vermarkten das Ergebnis dann als rare „Special Edition". Doch eine Zutat darf niemals fehlen: die Wacholderbeere. „Junipe-

rus communis" („Gemeiner Wacholder") nennt sich die in Europa gebräuchlichste Variante. Sie enthält unter anderem Zitronensäure, Gerbsäure, Gerbstoff, Zink, Mangan, Menthol, Oxalsäure und ätherische Öle.

Schon in der Antike wurden der Beere zahlreiche Heilwirkungen zugeschrieben, in der Volksmedizin wird sie zur Behandlung von Magen-Darm-Beschwerden und als harntreibendes Mittel eingesetzt.

Als 1347 die über die Seidenstraße nach Europa gelangte Pest jeden dritten Einwohner des Kontinents tötete, griffen die Überlebenden in ihrer Not zu jeder Art von Wacholder, um sich gegen den „Schwarzen Tod"

zu wappnen. Zimmer wurden mit brennenden Sträuchern ausgeräuchert, große Feuer sollten die Luft klären und die Krankheit fernhalten. Man aß oder trank die Beeren in allen Varianten, um sich innerlich zu reinigen. Auch die Gesichtsmasken, die Ärzte trugen, die mit Pestkranken in Berührung kamen, wurden mit Wacholder bestückt, um die Träger vor der Infektion zu schützen – meist nur mit mäßigem Erfolg.

Dem Gin, wie schon dem Genever, hat der Wacholder seinen Namen gegeben. Fehlt er, dann darf nach der einschlägigen EU-Verordnung aus dem Jahr 2008 das Destillat nicht Gin genannt werden – wobei die Verordnung sogar vorschreibt,

› *Mittelalterliche Pestmaske*

dass „der Wacholdergeschmack vorherrschend bleiben muss". Was eine Interpretationsfrage ist: Im klassischen London Dry Gin ist die Wacholderbeere dominant, in den moderneren New Western Gins treten andere Aromen deutlicher hervor, ohne freilich die Vorherrschaft des Wacholders zu durchbrechen.

Der „Gemeine Wacholder" ist nur eine von vielen Wacholderarten. Streng genommen handelt es sich bei den „Beeren" um Zapfen – sie brauchen drei Jahre, bis sie dunkelblau-schwarz und damit reif werden. Getrocknet schmecken sie ein wenig süßlich, erst im Kochtopf oder in der Destille entwickeln sie ihren herbbitteren Geschmack.

Der wichtigste Nebendarsteller in jeder Gin-Flasche ist der Koriander: Sein Samen fehlt selten, denn er grundiert mit dezentem, aber unverkennbar zitrusfrischem Geschmack in der Regel die Komposition. Als Geschmacksverstärker wird beim Destillieren zudem gern auch Angelika (Engelwurz) eingesetzt, in deren Samen und Wurzeln ätherische Öle und bittere Geschmackskomponenten enthalten sind.

Ein Botanical, dessen sich vor allem klassische London Dry Gins bedienen, ist Kardamom – ein aus Asien stammendes Ingwergewächs, von dem meist die grünen Kapseln verwendet werden, weil sie dem Gin leichte Schärfe verleihen. Vielfältig ist auch der Kubebenpfeffer, der auf Java angebaut wird. Er ist nämlich nicht einfach nur scharf und pfeffrig, sondern entfaltet zudem ein an Eukalyptus erinnerndes Aroma mit bitteren Spitzen.

Wer Gin herstellt, kommt nicht umhin, Süßholz zu raspeln. Tatsächlich gehört die geraspelte Wurzel der subtropischen Süßholzpflanze, deren bekanntestes Produkt Lakritze ist, zu den häufig vertretenen Botanicals. Für den charakteristischen Geschmack verantwortlich ist Anethol: ein Stoff, der auch in Anis, Sternanis und Fenchelsamen enthalten ist, und der dem Gin jenen vom Pastis bekannten Louché-Effekt verleiht. Weil sich die Bindungen der ätherischen

Öle nach Hinzugabe von Wasser lösen, trübt ein anetholhaltiger Gin ein, wenn er mit Tonic Water aufgegossen wird – ideal zu beobachten etwa beim sächsischen *Juniper Jack*.

Zitrusfrüchte wie Zitrone, Orange, Limette, Grapefuit oder Bergamotte gehören seit jeher zu den beliebtesten Botanicals. In jüngerer Vergangenheit sind sie deutlich in den Vordergrund getreten. Der *Tanqueray Rangpur* beispielsweise glänzt mit der exotischen Rangpur-Frucht: einer Kreuzung aus Zitrone und Mandarine. Verwendet werden von den Zitrusfrüchten neben den Blüten vor allem die Schalen, die viele ätherische Öle enthalten und sowohl sauer als auch herb sein können.

Eine Besonderheit im Gin und für Viele ein Kennzeichen wahren Expertentums ist die Gurke. Sie offenbart jedoch eher, wie wirkungsvoll das Marketing beim Comeback des Gins war. Der mit viel Finanzkraft auf den Markt gebrachte *Hendrick's* enthält nämlich nicht nur eine nach Mazeration und Destillation hinzugefügte Essenz aus Gurken und Rosen, sondern wird sogar noch mit Gurkenscheiben im Glas serviert. Und das wiederum haben die schottischen Besitzer derart umfangreich kommuniziert, dass es nicht wenige Liebhaber gibt, die grundsätzlich jedem Gin Tonic ein paar hauchdünne Gurkenscheiben hinzufügen.

Auf das Brennen kommt es an: Der Gin und seine Varianten

Am Anfang der Gin-Produktion steht die Destillation von fast reinem, bis zu 96-prozentigem Neutralalkohol. In der Regel wird dafür Weizen verwendet, aber auch Rohstoffe wie Roggen (*Kyrö Napue*, Finnland), Kartoffeln (*Windspiel*, Vulkaneifel) oder Wein (*G'Vine*, Frankreich) sind geeignet. Allerdings stellen die wenigsten Destillerien diesen Ausgangsstoff selbst her, meistens wird er bei darauf spezialisierten Firmen bestellt. Die Kunst des Brennens besteht darin, diesen geschmacksneutralen, wodka-ähnlichen Alkohol mit Hilfe von Wasser, Wacholder und weiteren Botanicals in aromatischen Gin zu verwandeln. Zunächst wird der hochprozentige Alkohol leicht verdünnt, denn das Wasser hilft beim Extrahieren der Aromen.

Die häufigste und auch klassische Methode dafür ist die **Mazeration, der Kaltauszug**. Dafür werden alle Botanicals zerkleinert und bekommen ein längeres „Wodka-Bad" spendiert. Nach zwei bis drei Tagen hat der Alkohol die Aromen gelöst und sich einverleibt. Nach der Mazeration wird in fast allen Fällen das Zwischenergebnis nochmals destilliert. Durch diese Mehrfachdestillation entsteht eine „saubere" Spirituose ohne die wegen ihrer komatösen Nachwirkungen befürchteten Fuselöle anderer Drinks.

Man muss die Botanicals jedoch nicht unbedingt im Alkohol „baden", die Aromen lassen sich auch im aufsteigenden Dampf extrahieren.

Bei der **Dampfinfusion** werden die Ingredienzien in einen Korb im Steigrohr oberhalb des Brennapparates gefüllt, der erwärmte Alkohol steigt nach oben und löst die Aromen. Brennmeister, die diese Methode wählen, betonen, dass die Aromen so schonender ins Destillat übergehen. Allerdings wird bei diesem Verfahren meist eine größere Menge an Zutaten benötigt, da die Dampfinfusion weniger Aromen löst als die Mazeration.

> *› Destillation bei Žufanek (OMG)*
> *in Boršice*

Experimentierfreudige Brennmeister wie Martin Žufánek (OMG) kombinieren daher beide Verfahren: Der Wacholder wird mazeriert, andere Botanicals kommen in den Korb.

Es braucht viel Erfahrung, um vom stetig fließenden Destillat den Vor- und Nachlauf zu erkennen, denn diese beiden enthalten unerwünschte Nebenprodukte wie Fuselöle, Essigester und Methanol. Nur der Mittellauf mit seinem mehr als 80-prozentigen Alkoholanteil wird verwendet und mit Wasser verdünnt. Gesetzlich vorgegeben sind mindestens 37,5 % vol. Alkohol, doch viele Brennmeister verdünnen nur bis 43 und 47 % vol., denn in diesem Bereich schmeckt die Spirituose runder.

Im Laufe der Gin-Geschichte haben sich die Grundtypen London Dry, Old Tom und Plymouth etabliert. Vor wenigen Jahren kam mit dem New Western noch ein vierter Grundtyp dazu. Der mit Abstand meistgetrunkene Gin ist der London Dry. Der Name ist kein Hinweis auf den Ort der Herstellung, sondern nur auf deren Art: London Dry Gins darf nach der Destillation ausschließlich Wasser hinzugesetzt werden, zudem ist der Zuckergehalt auf 0,1 Gramm pro Liter beschränkt.

Der Old Tom hingegen gilt als Urvater des heutigen Gins und ist gesüßt. Im 18. Jahrhundert sollte die Süße die oftmals schlechte Qualität überdecken. Damals war Old Tom die beliebteste Gin-Sorte, heute wird er nur noch selten nachgefragt. Anders als der London Dry ist der Plymouth Gin mit seinem weniger stark ausgeprägten Wacholderaroma zwingend an die Herstellung in der südenglischen Hafenstadt gebunden, jahrhundertelang war er der offizielle Gin der Königlichen Marine. Inzwischen gibt es nur noch eine Brennerei in Plymouth.

Eine einfachere Methode der Gin-Herstellung, die zugleich auf die Mehrfachdestillation verzichtet, ist das **Compounding**. Hier werden Aromen oder Essenzen zum Alkohol lediglich dazu gemischt, nicht aber destilliert. Die in jüngster Zeit Mode gewordenen Sets zum Selbermixen fußen auf diesem Prinzip.

Weitere Sonderformen sind der Sloe Gin, eine likörartige Mischung von Gin und Schlehensaft, oder neue Spezialitäten wie Reserve Gin, bei dem das Getränk nach der Destillation in Holzfässern reift.

GIN SELBST GEMACHT

Zutatenliste:

- *hochprozentiger Alkohol (50 bis 70 Vol.-%.):* Wodka, Korn oder leicht verdünnter reiner Ethanol aus der Apotheke – je verwendetem Botanical 100 ml
- 0,7 l Wodka oder Korn in Trinkstärke (ca. 40 Vol.-%)
- evtl. 20 g Zucker
- getrocknete, zerkleinerte Botanicals (je 2 g)
- *unerlässlich:* Wacholder, Koriander, Orangenschale, Zitronen- oder Limettenschale, Kardamom, Angelikawurzel, Süßholz

- *je nach Geschmack zusätzlich:* Zimt, Piment, Anis, Rosmarin, Hibiskus, Roter oder Rosa Pfeffer, Lavendel, Nelken, Kamille, Minze, Mädesüß, Salbei, Thymian, Basilikum, Fenchel, Ingwer
- *Zum Mazerieren:* 0,2-Liter-Weithals-Gläser aus der Apotheke (es können auch kleine Einweck-Gläser mit Deckel verwendet werden)
- *für das Endprodukt:* 1-Liter-Apothekenflasche(n)
- Feinwaage, feines Sieb

Gin herzustellen ist einfach und schwer zugleich. Im Grunde besteht er lediglich aus einer pflanzlichen Mischung mit Alkohol. Zweifellos zeugt es von guter Qualität, wenn diese Mischung destilliert wird, doch selbst zu destillieren, ist nur mit Vorkenntnissen und Ausrüstung möglich, zudem unterliegt es strengen gesetzlichen Vorgaben.

Für einen so genannten *Cold Compound Gin*, also eine Spirituose, die man nach dem Mischen nicht nochmals destilliert, wird möglichst neutraler Alkohol mit Aromen vermengt – fertig ist die Eigenmarke. Dafür kann man vorgefertigte Essenzen verwenden oder die Botanicals selbst herstellen.

Den persönlichen Vorlieben darf man dabei völlig freien Lauf lassen: Nur der Gin-Freund entscheidet, ob er alle Ingredienzien in ein Gefäß mischt und warten will oder ob er eine bestimmte Reihenfolge einhält. Wacholder zum Beispiel sollte mindestens vier Tage mazerieren, Rosenwasser kann man erst ganz zum Schluss zufügen.

Gute Gins sind immer eine harmonische Mischung diverser Botanicals, die stets vom Wacholder dominiert sein sollte. Selbst professionelle Brennmeister benötigen oft Jahre, ehe sie ihre Mischung gefunden haben.

Auch die Frage nach der alkoholischen Grundlage muss geklärt sein:

Wer keinen hochprozentigen Wodka (mindestens 50, besser 70 Vol.-%) zur Verfügung hat, sollte sich aus der Apotheke reines Ethanol beschaffen. Gerade für die ersten Versuche ist es empfehlenswert, alle Botanicals einzeln zu mazerieren, denn so lassen sich die Aromen genauer dosieren. Um die Essenzen herzustellen, verwendet man auf 100 ml Alkohol etwa je 2 g der Zutaten. Zur Grundausstattung gehören Wacholder, Orangen, Zitronen, Limetten, Ingwer, Kardamom, Angelika, Koriander, Süßholz, Fenchel. Wer gern experimentiert, kann zusätzliche Kräuter und Gewürze mazerieren.

Die meisten Gin-Produzenten verwenden getrocknete Zutaten. Aber bei hygienischer Vorsorge spricht nichts gegen frische Botanicals.

Die Mazerate benötigen in der Regel vier bis fünf Tage, mehr Zeit schadet jedoch nicht. Man sollte dabei den Geschmack immer wieder testen, und wenn das Aroma ausreichend ist, werden die Feststoffe abgesiebt. Für die Komposition des Gins benötigt man 0,7 l Wodka oder Korn in Trinkstärke und träufelt die Essenzen hinzu. Wer's mag, süßt mit maximal 20 g Zucker pro Liter. Worüber man sich aber nicht wundern darf: Cold Compound Gin hat nicht nur Aroma, sondern auch eine deutliche dunkle Färbung.

EINE PERSÖNLICHE AUSWAHL

Die Anzahl der Gins ist im Jahr 2022 nicht einmal für Experten überschaubar. Wöchentlich werden neue Marken präsentiert, nicht nur im Bereich der „Pink Gins", sondern auch ganz neue „Gin"-Kreationen ohne Alkohol. Die nachfolgenden 15 alphabetisch sortierten Marken repräsentieren also keineswegs die Bandbreite des Marktes. Sie gehören vielmehr zu den Lieblingsgins des Autors. In zahlreichen Verkostungen ist es sein Anspruch, für jeden Gast ein Getränk nach dessen persönlichem Geschmack zu finden.

Die Renaissance des Gins hängt eng mit der Einführung des *Bombay Sapphire* im Jahr 1987 zusammen. Die aufwändig vermarktete blaue Flasche signalisierte etwas Geheimnisvolles und traf den Nerv des neonfarbenen Jahrzehnts.

Geschmacklich ist der *Sapphire* ein wahres Wunder, gelang den Destillateuren doch eine Art kleinsten gemeinsamen Nenners, auf den sich Gin-Freunde weltweit einigen können. Die 14 Zutaten geben dem Gin einen zugleich weichen und würzigen Geschmack und verleihen ihm ein Bouquet, das erst süßlich und dann pfeffrig wirkt.

Islay, dieser Name ist Musik in den Ohren von Whisky-Liebhabern. Denn von der Hebriden-Insel kommen jene rauchigen Spirituosen, bei denen man die salzige Seeluft schon von weitem riecht.

Seit 2011 ist Islay auch im Gin-Universum ein Begriff. Damals kam Jim McEwan, Chef der Bruichladdich Destillerie, auf die Idee, die Kräuter der Insel für Gin zu nutzen. Seitdem werden 22 von Hand gepflückte Botanicals wie Moorbirke, Melisse und Stechginster mit weiteren neun Zutaten zu einem Gin verarbeitet, der die Sinne berührt wie ein frischer Strauß Sommerblumen.

Trinken für den guten Zweck: Elephant (Hamburg)

Ihre Reisen durch Afrika beeindruckten Robin Gerlach, Tessa Wienker und Henry Palmer. Also beschlossen sie, in Hamburg mit Zutaten wie Teufelskralle, Löwenohr und Baobab einen „afrikanischen" Gin zu produzieren – genauer gesagt: einen Gin zugunsten der vom Aussterben bedrohten Elefanten des Kontinents.

15 Prozent vom Erlös jeder Flasche des exotisch-würzigen Gins gehen darum an Tierschutzorganisationen, die sich für die Dickhäuter einsetzen. Jede Charge und deren Flaschen tragen den Namen eines Elefanten, der von den Helfern geschützt wird.

Wein meets Gin: Ferdinand's (Saar)

Mosel-Saar-Ruwer ist ein traditionsreiches Weinanbaugebiet, aber in Sachen Gin noch Neuland. Den Namen erhielt die Spirituose im Gedenken an Ferdinand Geltz, der den Saarwein über die Region hinaus bekannt machte.

Nach dem Vorbild des französischen *G'Vine* wird auch *Ferdinand's* der Geist des Weines hinzugefügt. Zuerst legt der Brennmeister die Basis mit 30 Botanicals in verschiedenen Destillationsdurchgängen. Danach wird der Gin mit Riesling aus Saarburg abgerundet. Zum vollmundigen Kräuterspiel gesellt sich so noch die feine Säure des Weines.

BOMBAY

SAPPHIRE

Distilled
LONDON
DRY GIN
Vapour
INFUSED

Hand selected
exotic botanicals

FROM A **1761** RECIPE

IMPORTED
PRODUCT OF ENGLAND

1 L   40% alc./vol.

CRAFTED

DON

DRY GIN

PHANT GIN

130   45% VOL

THE ORIGINAL

GORDON'S

LONDON DRY GIN

IMPORTED

Tanquer

RANGPU

DISTILLED GIN

MADE WITH

RARE RANGPUR LIME

8 OTHER BOTANICALS

Der Verspielt-Moderne: Gin Mare (Spanien)

„Mare nostrum" nannten die Römer das Mittelmeer. Und hat man einen Schluck des an der Costa Dorada gebrannten *Gin Mare* gekostet, dann schmeckt man sofort die mediterranen Aromen. Basilikum verbindet sich mit Thymian, Rosmarin mit Oliven, der Wacholder tritt in den Hintergrund. Dafür werden alle Ingredienzien einzeln maziert und destilliert. Die Destillate werden anschließend verschnitten, um ein ausgewogenes Getränk zu erhalten. Wer einmal davon getrunken hat, der möchte nur noch eines – diesen Gin bei Sonnenuntergang am Mittelmeer genießen.

MEDITERRANEAN GIN

Selección botánica

GIN MARE

DISTILLED FROM OLIVES, THYME, ROSEMARY AND BASIL

700 ml. Alc. 42,7% vol.

Der Leinwand-Klassiker: Gordon's London Dry Gin (Schottland)

Gründer Alexander Gordon gelang im Jahr 1800 der Coup, Hauptlieferant der Royal Navy zu werden, sodass die britischen Matrosen den *Gordon's* rund um den Globus bekannt machten. Es handelt sich um einen klassischen London Dry mit dominantem Wacholder nach einem Rezept, das seit der Gründung der Destillerie 1769 unverändert ist. Weltberühmt wurde *Gordon's* durch seinen Filmauftritt in „African Queen", wo sich Humphrey Bogart ausführlich dem Gin-Genuss widmet, woraufhin Katharine Hepburn den guten Stoff flaschenweise über Bord gehen lässt.

On the rocks: Granit (Bayern)

Die Brennerei Penninger nutzt das Alleinstellungsmerkmal ihres Gins zugleich fürs Marketing. Nach der Destillation wird die Spirituose aufwändig durch Granitsteine verschiedener Körnungen aus dem bayerischen Hauzenberg gefiltert. Ein Steinchen hängt an jeder Flasche: Es wird ins Gefrierfach gelegt und kommt dann als kühlendes Element ins Glas, was den Gin kühlt, ohne ihn zu verwässern.

Für den außergewöhnlich milden Gin werden 28 Zutaten mazeriert, darunter neben klassischen auch typisch bayerische Zutaten wie etwa Bärwurz oder Enzian.

Die Gurke macht's:
Hendrick's (Schottland)

Man glaubt kaum, dass der Gin in der Apotheker-Flasche noch nicht einmal 25 Jahre alt ist. 1999 kam *Hendrick's* auf den Markt und trat mit der dem Destillat hinzugegebenen Gurken-Rosen-Essenz einen Hype um Gurken im Longdrink los. Außergewöhnlich ist auch das unbritische Marketing, das über alles und jeden scherzt. Weil der Gin mit dem dezenten Aroma gern in zwielichtigen Bars getrunken wird, galt er bald als „Rotlicht-Gin" – ein Image, das *Hendrick's* natürlich nutzt, um sich selbst durch den Kakao (beziehungsweise den Gin) zu ziehen.

Weiblich, ledig, jung:
Jinzu (England / Japan)

Wer sagt eigentlich, dass nur Männer feinste Aromen zu Geschmacksexplosionen kombinieren können? Die Barkeeperin Dee Davis kreierte 2013 mit dem *Jinzu* einen der spannendsten neuen Gins – ein durch und durch feinsinnig-weibliches Getränk, das dennoch ohne Pink-Färbung und Frucht-Bomben auskommt.

Schon der aus Reis gewonnene Basisalkohol fällt aus dem Rahmen. Dieser Sake wird mit Wacholder und Koriander destilliert, später fügt Davis Kirschblüten und die Zitrusfrucht Yuzu hinzu. Ein Gin wie der Zauber einer Liebesnacht, die man nie vergisst!

Die Wacholder-Bombe: Juniper Jack (Sachsen)

Der Name klingt wie ein Wortspiel, bezieht sich aber auf ein Theaterstück: 1736 veröffentlichte ein Londoner Schnapsbrenner eine Farce, in der er seiner Wut über den „Gin Act" freien Lauf ließ. Das Stück ist nicht der Rede wert, doch der Titelheld steht heute Pate für einen Gin, der das klassische Aromenprofil perfekt bedient.

Von zehn Botanicals werden sechs verraten, darunter Minze und Brombeere. Das Geheimnis liegt im Wacholder, dessen herbe Zapfen Brennmeister Siegbert Hennig derart gekonnt auseinandernimmt, dass es kaum intensiver geht.

Frauen lieben ihn: Mom (England)

Krönchen, zartes Pink, sanfte Kurven: Zielgruppe dieser 2015 eingeführten Gin-Marke, die den mittlerweile zum Klassiker gewordenen „männlichen" London No. 1 ergänzt, sind zweifellos junge Frauen und ihr mädchenhafter Lebensstil. Der Name ist eine Referenz an die verstorbene Queen Mum und ihre Vorliebe für Gin.

Acht Botanicals enthält die vierfach destillierte Spirituose, die abschließend noch mit einer Infusion roter Früchte versetzt wird. Das Ergebnis gleicht einem Fruchtbonbon – samtweich am Gaumen und mit imposant fruchtig-süßen Aromen: ganz so, wie es Mädchen lieben.

Die moderne Legende: Monkey 47 (Schwarzwald)

Jede Gin-Marke braucht ihre Legende. Ein halbes Jahrhundert lang führte Montgomery Collins einen Landgasthof im Schwarzwald. In seinem Nachlass fand sich eine verstaubte Flasche mit der Aufschrift „Max the Monkey – Schwarzwald Dry Gin". Max gab es wirklich: Collins war Pate eines Zoo-Makaken.

2010 brachten Alexander Stein und Christoph Keller den *Monkey 47* auf den Markt. Die Zahl hat doppelte Bedeutung. Der Gin wird auf 47 Prozent verdünnt. Zudem enthält er 47 Zutaten, darunter ein Dutzend Pflanzen aus der heimischen Region.

Der Purist: No.3 London Dry Gin (Niederlande)

Zum Wegwerfen ist die Flasche zu schade. Denn den ins Glas eingelassenen Schlüssel sollte man sich aufheben. Angeblich öffnet er das Tor der Londoner St. James Street 3. Dort eröffnete 1698 ein Kolonialwarengeschäft, das bald Londons berühmtester Spirituosenladen mit eigener Gin-Marke wurde.

Minimale sechs Botanicals sorgen für einen Gin, den alle Engländer lieben. Nur dass dieser gar nicht mehr auf der Insel produziert wird. Rezept und Marke wurden nach Holland verkauft, wo der puristischste aller London Drys nun in Schiedam hergestellt wird.

Einen Gin aus den Karpaten, der dazu noch von Kennern als einer der weltbesten bezeichnet wird, das erwartet man nicht unbedingt. Dabei kannte sich Martin Žufánek schon lange mit dem slowakischen Borovička aus – und vom Wacholderschnaps zum Gin ist es nur ein kleiner Schritt.

Der Name ist Programm: „Oh my god!" rief Žufánek nach ersten Proben aus, schon war die Marke kreiert. Unter den 16 perfekt aufeinander abgestimmten Zutaten sticht lediglich die Pfeffernote hervor. Sie sorgt dafür, dass man *OMG* selbst bei Blindverkostungen sofort erkennt.

Angeblich trinkt Elizabeth II. täglich einen *Tanqueray*. Das 1830 entwickelte Grundrezept gilt vielen als Inbegriff des klassischen London Dry. 1998 zog die Firma von England ins schottische Windygates und experimentiert seitdem gern.

Der fruchtige *Tanqueray No.Ten* ist eine Referenz an den modernen Gin-Boom. Er wird in zwei Durchgängen aromatisiert. In der Destillationsblase Nummer 10 (daher der Name) wird das Zitrusherz mit Orangen, Limetten und Grapefruit geschaffen, in der Blase Nummer 4 werden die klassischen Botanicals zugesetzt.

EIN WAHRES KUNST-WERK: DER GIN TONIC

Die Geschichte des Tonic ist eng verbunden mit der Entdeckung der heilsamen Chinarinde, um die sich viele Legenden ranken, wie etwa diese:

Die aus Spanien nach Peru ausgewanderte Gräfin Ana de Osorio del Chinchon war 1638 schwer an Malaria erkrankt. Von ihrem Ehemann um ein fiebersenkendes Mittel angefleht, verabreichte ein eingeborener Heilkundiger ihr ein Getränk aus der Rinde des Quinquina-Baumes. Die dadurch rasch gesundete Gräfin nahm bei der Rückkehr nach Spanien eine große Menge Baumrindenpulver

*mit, das sie freizügig an Arme verteil-
te.* Ihr zu Ehren gab Linné dem Baum
den Gattungsnamen *Cinchona.*

Es ist jedoch bis heute nicht erwie-
sen, wer zuerst aus der Rinde Chinin
gewonnen hat. Vermutlich waren es
zwei französische Apotheker, die fast
reines Chinin extrahierten. Der Ruf
des „Wunderpulvers" verbreitete
sich auf jeden Fall rasch in Europa
– selbst der Sohn des Sonnenkönigs
Ludwig XIV. wurde damit geheilt.
Weil das Pulver wertvoller als Gold
wurde, war der Chinarindenbaum
von der Ausrottung bedroht, bis Briten und Niederländer den Samen aus
Lateinamerika schmuggelten und in
ihren Kolonien anpflanzten – die Briten wenig erfolgreich. Doch dank der

holländischen Anpflanzungen wurde Java zum weltgrößten Chinin-Produzenten.

Englische Ärzte entwickelten bereits im 18. Jahrhundert ein sodahaltiges Getränk mit Chinin, das so genannte „tonische Wasser" (englisch: Tonic Water). Dessen Konsum wurde für die Mitglieder der Britischen Ostindien-Kompanie als vorbeugendes Mittel gegen Malaria zur Pflicht erklärt. Um das bittere Tonic etwas genießbarer zu machen, mischten die Soldaten dem Getränk Gin, Zucker und Limette bei. Geboren war der allererste Gin Tonic, der sich schon nach wenigen Jahrzehnten auf den Getränkekarten aller Cocktailbars wiederfand.

Welches Tonic darf es sein?

Mit der Entwicklung immer aromatischerer Gins wird auch die Frage nach dem „Filler", wie das alkoholfreie Getränk zum Auffüllen genannt wird, wichtiger. Darum hat nun eine neue Generation von Tonics Einzug in die Barszene gehalten.

Die Vielfalt ist so groß wie die Geschmäcker verschieden. Manche bevorzugen es, Gin-Aromen zu unterstreichen, andere lieben Kontraste. So bleibt dem Liebhaber eigentlich nur eines übrig: ausprobieren. Um dies zu erleichtern, stellt der Autor hier fünf Tonics vor, mit denen sich fast jeder Gin kombinieren lässt.

Klassisch-Neutral: Thomas Henry

Thomas Henry aus Manchester gebührt die Ehre, 1773 als erster ein Erfrischungsgetränk mit Kohlensäure kreiert zu haben. Doch die Firma ist deutlich jünger, und sie hat ihren Sitz in Berlin, wo zwei Jungunternehmer auf der Suche nach einer Marke auf den britischen Apotheker stießen.

Der besonders hohe Chiningehalt sorgt für einen außergewöhnlich bitteren Geschmack, der jedoch nicht zu lange anhält, sondern schnell erfrischend wird. *Thomas Henry Tonic* eignet sich darum vor allem für klassische London Dry Gins mit starker Wacholder-Note.

Weich-Abgerundet:
Fever Tree Indian Tonic

Am Anfang stand die Unzufriedenheit mit den Massen-Tonics. Als Charles Rolls, Chef des Plymouth-Gins, einst zur Verkostung einlud, störte ihn, dass nahezu alle Tonic Water chemische Substanzen enthielten.

Also kümmerte sich Rolls selbst um ein rein natürliches Tonic, das seinen Ansprüchen standhalten könnte. Das Chinin fand er im Kongo und ergänzte es mit Zutaten wie Ringelblumen und Bitterorangen. Die aus der Parfümproduktion entlehnten Herstellungsverfahren sorgen für ein außergewöhnlich weiches und mit vielen Gins harmonierendes Getränk.

Elegant-Trocken: Schweppes Dry

Auch Schweppes ist auf den Zug der Premium-Tonics aufgestiegen und präsentierte mit dem grauen *Schweppes Dry* eine weniger süße, aber dennoch preisgünstige Version jenes Getränks, das sich in der gelben Standardvariante kaum zum Mixen mit hochwertigen Gins eignet. Für das Dry wählte Schweppes Zutaten, die zu 100 Prozent aus natürlichen Quellen stammen.

Die ausgewogene Rezeptur sorgt für hervorragende Perlage, wie man sie von einem Premium-Tonic erwarten kann. Das *Schweppes Dry* mit einem Hauch Limettenaroma bietet einen eleganten Geschmack.

Herb-Würzig: Fentimans

Schon 1905 begann Thomas Fentiman, Ginger Beer zu brauen und stellte als Nebenprodukt Tonic Water her. Trotz der Gärung gelang es Fentiman, durch Zugabe natürlicher Aromastoffe und Kräuter den Alkoholgehalt auf unter 0,5 Prozent zu senken, weshalb er sein Tonic Water als Erfrischungsgetränk verkaufen durfte.

Fentimans ist würzig, mit Anteilen von Zitronen und Ingwer. Da es weniger chininhaltig ist als andere britische Tonics, besitzt es nicht den typisch metallischen Nachgeschmack. Darum wird es oft als Filler für milde Gins benutzt.

Fruchtig-Blumig: 1724

Passend zum Gin Mare brachten dessen Produzenten 2012 das *1724 Tonic Water* auf den Markt. Es wurde entwickelt, um speziell mit diesem Gin kombiniert zu werden. Der Name weist auf die Herkunft in den chilenischen Anden hin: Auf genau 1724 Meter Höhe über dem Meeresspiegel wird das Chinin von Hand gesammelt.

Im Gegensatz zu Tonics aus Asien ist das lateinamerikanische *1724* weniger bitter. Das ausgewogene Aroma entfaltet in Nase und Mund Geschmacksnuancen von Rosmarin und Thymian. Es perlt elegant, nach dem Trinken stellt sich ein Hauch Anis ein.

MEDITERRA
Colección
1724
GIN MA
LLED FROM OLIVES, THYME, ROS
700 ml. Alc. 42,7% vol.

Fünf Grundregeln für die Kombination von Gin und Tonic:

1 Komplexe Gins (*Monkey 47, The Botanist*) brauchen ausgewogene oder trockene Tonic Water (*Schweppes Dry, Fever Tree*). Ein fruchtiges oder limonadig-süßes Tonic kann die Aromen eines komplexen Gins ertränken.

2 Florale Gins (*Jinzu, Hendrick's*) harmonieren perfekt mit bitteren Tonics (*Thomas Henry, Schweppes Dry*).

3 Zu fruchtigen, süßen oder auch besonders würzigen Tonics (*1724, Fentimans*) passt auch ein einfacher

Gin (*Bombay Sapphire, Gordon's*), da bereits das Tonic viele Aromen ins Glas bringt.

4 Wacholderbetonte London Dry Gins (*Juniper Jack, No.3*) lieben klassische oder abgerundete Tonic Water (*Thomas Henry, Fever Tree*). Denn diese überlassen dem Wacholder den Vortritt auf der geschmacklichen Bühne.

5 Gins mit pfeffrigen Noten (*OMG*) mögen keine süßen Tonics. Soll der Pfeffer auch im Longdrink hervortreten, dann muss mit dem Gin ein klassisches, aber nicht zu bitteres Tonic kombiniert werden (*Fever Tree*).

Gläser, Eis, Garnitur und die richtige Mischung

5.500 Gins, 350 verschiedene Tonics: die Auswahl bei der Kreation eines guten Gin Tonic ist riesig. Und das Auge trinkt dabei mit, denn richtig präsentiert, schmeckt der Drink gleich nochmal so gut.

Wichtig ist vor allem, dass der Gin Tonic Platz hat. 2–3 große Eiswürfel, 6 cl Gin, 20 cl Tonic – dafür braucht man ein Glas mit mindestens 400 ml Fassungsvermögen. Der Klassiker ist der *Tumbler* oder *High Ball*, ein Longdrink-Glas mit meist geschliffenem Muster. Es sieht schön aus, ist stabil, spülmaschinenfest und behält noch nach Jahren seinen Glanz.

Vor allem in Bars haben sich *Copa-Gläser* (auch Ballon-Gläser genannt) als Alternative durchgesetzt. Sie stehen für die südländische Art des Genusses: bauchige Gläser, in denen neben dem eigentlichen Drink noch verschiedene Garnituren angerichtet werden. Das Ergebnis sind Gin Tonics, die elegant aussehen und zugleich neue Aromen entwickeln. Ob zum puren Gin-Genuss auch Eis gehört, daran scheiden sich die Geister. Einerseits lässt Eis weitere Aromen hervortreten und senkt den Alkoholanteil, andererseits flachen viele Gins im Geschmack ab, wenn sie stark gekühlt werden. Für einen Gin Tonic ist Eis zwingend, da der Longdrink warm fad schmeckt.

Welche Eis-Form man nimmt, ist egal – ob klassisch mit größeren Würfeln oder im Copa-Glas mit riesigen Eis-Kugeln. Nicht empfehlenswert ist Crushed Ice, da dieses schneller schmilzt und den Drink so verwässert. Idealerweise sollte das Tonic im Vorfeld kaltgestellt werden, um die Temperatur im Glas nicht zu erhöhen und so die Lebensdauer der Eiswürfel zu verlängern.

Heiß diskutiert ist die Garnitur. Seit *Hendrick's* die Gurkenscheibe im Drink weltbekannt gemacht hat, wird die Zugabe bisweilen zelebriert. Die Zitronen- oder Orangenzeste ist der Klassiker: Viele Barkeeper nutzen sie, um die im Gin vorhandenen Zitrustöne zu verstärken.

Aus Spanien kommt der Trend, dem Gin Tonic weitere Gewürze oder Früchte hinzuzugeben, denen der Alkohol dann ihr Aroma entzieht, was den Geschmack immer weiter auffächert. Zum floralen *Jinzu* werden beispielsweise noch Blaubeeren gereicht, den soliden *Tanqueray* ergänzt man mit Rosmarin. Mit zusätzlichen Gewürzen werden die Kombinationsmöglichkeiten endlos und es ist klar, dass bei dieser Präsentation die Gewürze geschmacklich auch die Hauptrolle spielen.

Vor allem beim südländischen Selbst-Garnieren und dem eigenen Experiment mit Gin und Tonic wird jedoch wichtig, was zunehmend auch in guten deutschen Bars zu beobachten ist: Entscheidend ist stets, was der Gast wünscht. Darum stellen viele Barkeeper den Gin Tonic einzeln auf den Tisch: In einem Copa-Glas liegt eine große Eiskugel, der Gin steht extra daneben wie das gewählte Tonic, und für die Garnitur mit Früchten oder Gewürzen gibt's ein Tellerchen.

Dann entfällt auch die ebenso leidenschaftlich geführte Debatte nach dem richtigen Mischungsverhältnis. Ein Teil Gin zu vier Teilen Tonic ist oft Standard. Aber nicht wenige Liebhaber schwören auch auf Mischungen von eins zu zwei, die ja durch das schmelzende Eis sowieso noch leicht verdünnt werden.

Der Autor hat sich in seinen Gin-Verkostungen angewöhnt, Gästen zunächst vier bis sechs verschiedene Gins pur und ohne Eis im speziellen Nosing-Glas zu präsentieren. Die Vorauswahl braucht ein wenig Fingerspitzengefühl: Männer erhalten *No.3* und *Juniper Jack*, für Frauen stehen eher *Mom* und *Jinzu* auf dem Tisch. Aus dieser Auswahl entscheiden dann die Gäste selbst, welchen Gin sie als Longdrink wünschen (manchmal auch: ob sie weiter pur trinken wollen) und in welchem Mischungsverhältnis der Gin Tonic mit selbst ausgesuchten Beigaben gewünscht ist.

MIXEN MIT GIN

Es mag sein, dass die Vielzahl neuer Gins dazu führt, dass die Spirituose heute häufiger als zuvor pur getrunken wird. Aber ähnlich wie beim Rum, der inzwischen Grundlage zahlreicher Mixgetränke ist, entwickelt sich auch für den Gin ein immer breiteres Angebot an Cocktails.

Nachfolgend werden 10 ausgewählte Drinks für jeweils eine Person präsentiert: vier klassische, die seit Jahrzehnten die Gin-Freunde begeistern, und sechs moderne, die es wert sind, ihren Siegeszug durch die Bars der Welt anzutreten.

Die Klassiker

GIN FIZZ

5 cl Dry Gin • 3 cl Zitronensaft
2 cl Zuckersirup • 10 cl Soda
Zitronenscheibe

Shaker bis zur Hälfte mit Crushed Eis
füllen. Gin, Saft und Sirup zugeben.
Kräftig schütteln. In ein Longdrinkglas abseihen. Mit Soda auffüllen.
Mit Zitronenscheibe servieren.

Das über ein Jahrhundert alte Rezept wurde von der International
Bartenders Association zu den „Un-
forgettables" erkoren.

TOM COLLINS

5 cl Old Tom Gin • 3 cl Zitronensaft
1,5 cl Zuckersirup • 6 cl Soda
Angostura • Orangenscheiben
1 Cocktailkirsche

Ein Longdrinkglas mit Eiswürfeln füllen. Gin, Zitronensaft, Sirup und Soda hineingeben und umrühren. Mit einem Spritzer Angostura abrunden. Mit Orangenscheiben und Cocktailkirsche dekorieren.

Der Tom Collins wird häufig mit dem Gin Fizz verwechselt. Er wird jedoch nur verrührt, nicht geschüttelt und sollte sofort genossen werden, denn langes Stehen wirkt sich negativ auf den Geschmack aus.

MARTINI

5 cl Gin • 1 cl Vermouth Dry
1 grüne Olive

Eiswürfel in ein Mixglas geben. Gin und Vermouth hinzufügen, umrühren und in ein Cocktailglas abseihen. Die Olive hinzugeben.

Ian Fleming erfand 1953 für James Bond eine Variante des Martini, die als „The Vesper" bekannt ist, von Bond aber stets als „Martini, geschüttelt, nicht gerührt" bezeichnet wird. Dafür 6 cl Gin mit 2 cl Wodka und 1 cl Lillet mischen, ohne Eis in ein Cocktailglas geben und mit einer Zitronenzeste dekorieren.

NEGRONI

3 cl Dry Gin • 3 cl Roter Wermut
3 cl Campari • 1 Orangenzeste

Ein Longdrinkglas mit einigen Eiswürfeln füllen. Gin, Wermut und Campari zu gleichen Teilen hineingeben. Mit der Orangenzeste garnieren und ohne Strohhalm servieren.

Ein Negroni ist schnell gemixt. Man sollte aber darauf achten, die Zutaten wirklich zu gleichen Teilen zu mischen, da das Getränk sonst zu bitter wird. Deshalb empfiehlt sich die Nutzung von einem Barmaß.

AVIATION

*6 cl Gin • 1 cl Maraschino • 1 cl Crème
de Violette (Veilchenlikör)
3 cl Zitronensaft • 1 Cocktailkirsche*

Sämtliche Zutaten in einen mit Eiswürfeln gefüllten Shaker geben und
gut vermischen. Dabei nicht nur
schütteln, sondern auch rühren,
damit der Aviation seine blassblaue
Farbe erhält. Anschließend den Drink
durch ein Barsieb ins Cocktailglas
gießen. Mit der Kirsche garnieren.

Der Bar-Klassiker ist einfach in der
Zubereitung. Seine Kombination von
Süßem und Saurem bietet sowohl
fruchtige als auch florale Noten.

Die Modernen

NIGHTSKY

5 cl Gin • 2 cl Schlehenlikör
1 Bio-Limette • Tonic Water
Minzeblätter

Gin und Likör in ein Highballglas geben, Limette vierteln. Ein Limettenviertel in das Glas auspressen, mit Eiswürfeln und Tonic Water auffüllen. Mit Minzeblättern und Limettenscheibchen garniert servieren.

Der Nightsky ist eine Rezept-Idee von Hubert Scheungraber aus der Cocktailbar Journey in Passau.

GIN MULE

5 bis 10 Minze-Blätter
3 cl Limettensaft • 3 cl Zuckersirup
5 cl Gin • 3 cl Ginger Beer

In den Shaker Minze, Limettensaft und Zuckersirup füllen. Mit einem Stößel alles zerkleinern und vermengen. Gin und Crushed Eis in den Shaker geben, kräftig schütteln. In ein Longdrinkglas Eiswürfel geben. Durch ein Barsieb das Getränk in ein Glas gießen. Mit Ginger Beer auffüllen.

Gin Mule ist eine moderne Variante des Moskow Mule – diese neue Mischung wird in immer mehr Bars der ganzen Welt beliebt.

BRAMBLE

8 Brombeeren • 5 cl Gin
2 cl Zitronensaft • 1 cl Zuckersirup

6 Brombeeren in ein Longdrinkglas geben und leicht zerdrücken. Das Glas mit Eis auffüllen, hier kann auch Crushed Ice verwendet werden. Gin, Saft und Sirup hinzugeben, mit einem langen Löffel umrühren. Mit zwei Brombeeren dekorieren.

Der Bramble ist ein fruchtiger Cocktail mit sauren Noten. Er passt perfekt zu heißen Sommerabenden und besticht allein schon aufgrund seiner tollen Farbe auf jeder Cocktailparty.

EARL GREY MARTEANI

*1 Teebeutel Earl Grey Tee (oder
2–3 Blätter) • 5 cl einfacher Dry Gin
2,5 cl Zitronensaft • 2,5 cl Zuckersirup • 1,5 cl Eiweiß • Zitronenzeste*

Earl Grey Tee im Gin ziehen lassen,
bis sich eine dunkle Farbe entwickelt. Die Ziehzeit des Gins hängt
vom Tee (Beutel oder frisch) und
dem Alkoholgehalt des Gins ab. Das
Getränk (ohne Teebeutel!) zusammen mit Zitronensaft, Zuckersirup
und Eiweiß in einen mit Eis gefüllten
Shaker geben. Intensiv schütteln. In
ein gekühltes Martiniglas abseihen
und mit Zitronenzeste garnieren.

COLD BREW COFFEE GIN TONIC

4 cl Dry Gin • 8 cl Cold Brew Coffee
20 cl neutrales Tonic

In ein Longdrinkglas einen großen Eiswürfel legen. Gin und Kaffee darüber geben und leicht verrühren. Mit Tonic nach und nach aufgießen – das Getränk kann schäumen.

Gemeinsam mit dem Autor erfand der Kaffeespezialist Nicolas Sihombing diesen Drink als Weiterentwicklung des Cold Brew Tonic. Wichtig ist, dass kalt gebrauter Kaffee verwendet wird, da dieser weniger Bitterstoffe und Säure enthält.

Register

Cocktailrezepte

oder literarischen Themen sowie Reise,

Bildnachweis:

S. 2, 9, 15, 31, 103, 111, 113 : Colourbox.de;

S. 25, 73: Black Forest Distillers GmbH;

S. 28/29: Capulet & Montague Ltd., Saarbrücken,

S. 33: channarongsds, Fotolia.com;

S. 39: Dan, Fotolia.com;

S. 43, 75, 77, 121, 123: Hagen Kunze;

S. 55: Agent, Unsplash.com;

S. 60/61, 67, 71, 91: Silvia Dorster;

S. 63: Philipp Raifer, Unsplash.com;

S. 69, 101: Robert Lohse und Moritz Schlieb für Juniper Jack;

S. 79: Stefan Schauberger, Unsplash.com;

S. 81: PIXATERRA, Fotolia.com;

S. 85: Dragomir Ralchev, Unsplash.com;

S. 95: feirlight, Fotolia.com;

S. 105: Pixabay.com;

S. 107, 117: Brent Hofacker, Fotolia.com;

S. 109: MEV Verlag;

S. 115: Studio Weichselbaumer, Passau;

S. 119: smspsy, Fotolia.com